MARTA
no da besos

A todas las **Martas** del mundo
que tienen los besos contados

Hoy hay visita en casa,
y sucede lo que muchas veces pasa...

-Hola Martita, ¿me das un besito?
-¡No!
-Y te compro un regalito.
-¡No! Ya tengo suficientes.
-O te doy un caramelito.
-Eso me picaría los dientes.

En la calle una vecina
me quiere dar la propina.
Un beso dice que cuesta
y a mí el chantaje me apesta.

1'25
1'50

Otro día en el mercado,
me regalan una fresa.

-A ver si así mi princesa
me deja un beso marcado
–dice el frutero
señalando su mejilla.
Sale del puesto el hombre
y me agarra la barbilla.

-¡No! –tengo que decir bien alto–.
Gracias por la fresa,
pero pensé que era un regalo,
no esperaba la sorpresa
de pedirme nada a cambio.

Snif
Snif
queso

Un amigo de mi padre,
cargado de margaritas:

-¡Marta, ven aquí y dame un beso!
-Antes me como un queso,
aunque sea roquefort,
y si no quiero, NO QUIERO,
aunque traigas una flor.

POLO NORTE

-Si me das un beso
te llevo a la piscina.
-No hace falta.
Antes estaba en el baño
y de agua me he puesto fina.
-Aunque sea uno pequeño.
-Lo siento, no eres su dueño.
-Entonces uno de esquimal.
-En el Polo Norte soy igual.

Cuando vienen a darme un beso
me alejo tanto, tanto,
que hasta el cuello pongo tieso.

A todas horas oigo:
"tiene los besos contados".
¡Claro que yo los cuento!
Son apenas un puñado
y no hay nada más mío
que los besos que no he dado.

-Pero... ¿por qué no das besos?
—me pregunta mi madre.
-¡Pues porque no quiero!
—contesto muy amable.
-Cariño, es cuestión de educación.
-Pues a mí me educaste tú,
y no fue con esa misión.

¿Tan difícil es de entender?

-Cuando la gente tanto insiste
a veces me pongo triste.
No son capaces de ver
que eso no lo quiero hacer.

Yo, y SOLO yo,
soy quien reparto mi afecto.
A quien me gusta, sonrío,
y a quien no, le tuerzo el gesto.
No vendo caros mis besos,
yo siempre los regalo,
pero doy los que yo quiero,
los que no, me los guardo.

Y aunque no sea fácil
ir contracorriente...

¡Ande yo VALIENTE,
ríase la gente!

Eso de los besos
es algo muy serio.
No se piden, ni se roban,
ni se fuerzan, ni se empujan,
ni se aprietan, ni se estrujan,
ni se compran con dinero,
regalos o caramelos.
Deben salir libres
para que sean sinceros.

De pronto mi madre
levanta mucho las cejas
y le sale una sonrisa
que llega hasta las orejas.
–¿Sabes lo que te digo, Marta?
Que tienes toda la razón.
Perdona por mi insistencia.
Perdóname, corazón.

Y así fue como la excepción se convirtió en regla.
Porque el mundo está construido
por miles de maravillosas excepciones.

Da besos solo a quien quieras
y solo cuando tú decidas.

Es mi consejo de hoy,
de mañana y de pasado,
porque esta ha sido mi historia
y así ha finalizado.

CHIM PÚM

MUAC

Quinta edición: abril de 2024
Primera edición: noviembre de 2017

Autores: Belén Gaudes y Pablo Macías
www.cuatrotuercas.com

Ilustrador: Nacho de Marcos
nachodemarcos.blogspot.com.es
ndmfantasy.blogspot.com.es

Imprime: Página 1 S.L. (Madrid)

ISBN: 978-84-17006-14-3
DEPÓSITO LEGAL: M-29553-2017

Este libro se ha impreso y encuadernado en Madrid, concretamente en Vallecas y Leganés. ¡Apostamos por la sostenibilidad!

El papel que hemos utilizado es libre de cloro y con certificación PEFC. Tratamos de ser coherentes y responsables con nuestro entorno.